Das Christus-Telefon -
eine Hotline für Bitte und Danke

&

Freiheit! Freisein in Christus

# Das Christus-Telefon - eine Hotline für Bitte und Danke

&

# Freiheit! Freisein in Christus

*nach den Sendungen im*

*TV-Sender Neu Jerusalem weltweit*

DER UNENDLICHE UND SIE

GOTT AKTUELL FÜR JUNG UND JUNGGEBLIEBENE

Verlag DAS WORT GmbH

1. Auflage September 2008



Max-Braun-Str. 2, 97828 Marktheidenfeld
Tel. 09391/504-135, Fax 09391/504-133

Internet: http://www.das-wort.com



Umschlagbild: Verlag DAS WORT

Druck: Santec Studio und Druckerei GmbH,
Marktheidenfeld

ISBN 978-3-89201-286-3

# Inhalt

## Vorwort

Für die Sendereihe „Der Unendliche und Sie - Gott aktuell für Jung und Junggebliebene“ treffen immer wieder junge Urchristen von heute zusammen, um sich in Gesprächsrunden über das auszutauschen, was sie bewegt.
Themen waren unter anderem „Das Christus-Telefon - eine Hotline für Bitte und Danke“ und „Freiheit! Freisein in Christus“.
Der Inhalt ihres Gespräches ist die Grundlage dessen, was Sie im Folgenden lesen.

Verlag DAS WORT
September 2008

## Das Christus-Telefon – eine Hotline für Bitte und Danke

### *Kommunikation - Senden und Empfangen*

Die Menschheit hat noch nie so viel Kommunikation gepflegt wie in diesen Zeiten. Telefone, Faxgeräte, Internet, E-Mail und ganz besonders das schnurlose Handy, das Mobiltelefon, geben uns Menschen die Möglichkeit, auf jedem Ort der Erdoberfläche zu jeder Zeit und sofort mit unseren Freunden, mit unseren Verwandten, mit Geschäftspartnern in Verbindung zu treten. Was früher Tage und Wochen in Anspruch genommen hat, mit Kurieren, mit der Postkutsche, oder sogar Monate, wenn es Übersee war, ist heute in einem Augenblick möglich. Wir könnten also sagen, wir leben in einer sehr fortschrittlichen Zeit. Ist das wirklich so?

Doch warum hört man dann von Soziologen und Medizinern übereinstimmend, dass immer mehr Menschen einsam sind – und zwar auch jüngere, nicht nur die alten? Woran liegt es, dass man sich in den Ehen und Partnerschaften, ja ganz allgemein in den Familien, immer weniger zu sagen hat? Und warum stellt so mancher betroffen fest: Außer über die elektronischen Medien findet kaum mehr eine persönliche Kommunikation statt, und schon gar keine mit Herz?

Fragen wir ein bisschen genauer nach der Kommunikation, und zwar nicht nur der Kommunikation nach außen, sondern auch der Kommunikation nach innen: Warum ist der Mensch überhaupt auf Kommunikation angewiesen?
Wir wissen aus Schulungen von Gabriele, der Prophetin und Botschafterin Gottes für unsere Zeit, und auch aus zahlreichen Büchern, dass im ganzen Universum das Le-

ben, das Gott ist, auf Kommunikation, das heißt auf Senden und Empfangen, ausgerichtet ist. Ohne Kommunikation kein Leben. *„Im ganzen All gibt es das eine Prinzip ‚Senden und Empfangen'. Dieses Prinzip ist der Schlüssel zum Verständnis vieler Vorgänge um uns herum, aber auch in uns."* *

Fragen wir uns also: Was ist Kommunikation? Im Fremdwörter-Lexikon lesen wir folgendes: „Communicatio" heißt: „Mitteilung oder Verbindung, Zusammenhang"; ein weiterer Begriff ist „Verständigung zwischen Menschen und Tieren", aber auch „Austausch von Informationen zwischen dynamischen Systemen". Eine interessante Erklärung für unseren Verstand.

---

* Aus: „Die Kosmische Uhr und das Netzwerk Deiner Haut. Dein Schicksal liegt in Deiner Hand".

Aber was hat es denn mit dem „Christus-Telefon“ auf sich? Hier geht es nicht um ein Telefon im herkömmlichen Sinn. Es geht vielmehr um den Aufbau einer Verbindung zu dem Christus-Gottes-Geist, der in jedem von uns wohnt. Er, der Auferstandene, möchte in jedem von uns lebendig werden. Er wünscht sich, in unserem Inneren eine Kommunikation zu uns aufbauen zu können – und wir können auch die Kommunikation zu Ihm aufbauen, wenn wir das möchten.

Mit Christus zu sprechen, ist bisher scheinbar der Priesterkaste vorbehalten gewesen und für viele Menschen noch „abstrakt“. Mehr und mehr Menschen in aller Welt nehmen aber inzwischen die Möglichkeit wahr, das „Christus-Telefon“ im Alltag anzuwenden – und sind begeistert.

## *Gabrieles Erläuterungen – „Christus in mir"*

Das Christus-Telefon geht zurück auf eine Anregung aus der Geistigen Welt, die uns Gabriele, die Prophetin und Botschafterin Gottes für unsere Zeit, übermittelte. Ihre Worte sind für das vorliegende Büchlein in Schriftform gebracht:

*Viele von uns wissen: Christus in uns. –*
*Doch so mancher fragt: Ja, wo ist Christus?*
*Wie kann ich Ihn erreichen?*

*Wir Menschen sind gewohnt, wenn wir mit unserem Nächsten sprechen wollen, zum Hörer zu greifen, das Handy aus der Tasche zu ziehen, zum Computer zu eilen, ein Fax zu schicken oder anderweitig zu versuchen, mit unserem Mitmenschen in Kontakt zu kommen. Es ist uns zur Gewohnheit geworden: Ich kann jederzeit mit dem Nächsten reden.*

*Zu Christus zu sprechen, ist jedoch für viele immer noch „abstrakt". Deshalb gibt es viele Übungen, um Christus in uns, in jedem von uns, zu begegnen – natürlich, wer möchte! Und die göttliche Welt hat vorgeschlagen, dass die, die wirklich bestrebt sind, Christus näher zu kommen, den geistigen Hörer ergreifen, um zu Ihm zu sprechen.*

*Wo ist denn der Hörer? Wie kann ich denn zu Christus sprechen?*
*Viele von uns wissen, dass in der Nähe unseres Herzens die „Christus-Zentrale" ist, das Christuslicht, das die geistigen Zentren durchleuchtet und durchströmt, die Zentren, die in uns angelegt sind: das Bewusstseinszentrum der Ordnung, das Zentrum des Willens, der Weisheit, des Ernstes, der Geduld, der Liebe und der Barmherzigkeit. In uns läuft also ein energetischer Strom, der immer gegenwärtig ist, der durch unseren Atem strömt, der unsere Zellen erhellt, der in unserer Seele pulsiert.*

*Wie gesagt, wir Menschen sind gewohnt, zum Hörer zu greifen, um mit unserem Nächsten zu reden.*

*Die Anregung aus der Geistigen Welt besagte im Detail Folgendes: „Christus in uns." Wir sagen, in der Nähe des Herzens, also in unserem Brustkorb, ist die zentrale Stelle des Christus Gottes. Nennen wir diese zentrale Stelle den „Hörer", den geistigen Hörer. Greifen wir doch öfter zum geistigen Hörer!*

*Probieren wir es einmal aus: Legen wir die rechte Hand auf unsere Brust. Hier ist das zentrale Licht; hier ist der geistige Hörer; hier können wir hineinsprechen, in unser Inneres hinein. Hier ist das Christus-Zentrum, die Christus-Zentrale, die uns hört, die unsere tiefen Bitten, unsere Gespräche aufnimmt. Und Christus in uns gibt uns Antwort.*
*Wir hören Ihn noch nicht. Warum nicht? – Brauchen wir eine Rufnummer? Wir brauchen*

*sie nicht. Was wir aber brauchen: mehr und mehr in unseren Gehirnzellen die Erfüllung der Zehn Gebote und der Lehren des Jesus, des Christus. Doch damit wir merken und spüren, dass Er tatsächlich gegenwärtig ist, sollten wir uns angewöhnen, des öfteren zum Hörer zu greifen, zum „geistigen Hörer", zum Christus-Gottes-Zentrum.*

*Wenn wir beten, sollten wir uns vorgeben: Wir beten nach innen. Gewöhnen wir uns an, wenn wir beten, unsere Hand zuerst einmal auf das Christus-Zentrum zu legen, auf die Zentrale, die uns hört, die alles vernimmt. ...*

*Vielleicht denken wir tief in die Zentrale hinein: „Christus in mir". Damit greifen wir zum Hörer. Wir rufen Ihn an. Jeder von uns könnte dann, wenn er z.B. hektisch wird, immer wieder - ja, sogar durch den Mantel – schnell zum Christus-Zentrum, zum Hörer, greifen: „Christus in mir". Er könnte, ganz gleich, wo er ist, durch die Jacke seine rechte Hand schnell aufs Christus-Zentrum legen, in dem Bewusstsein: „Christus in mir".*

*Der nächste Schritt wäre: dass wir während eines Gesprächs mit unserem Nächsten ebenfalls zunächst still in uns hineinsprechen: „Christus in mir" – und dann weiter: „Christus in meinem Nächsten".*

## *Die Antwort und Hilfe des Christus Gottes in den Situationen des Alltags*

Allerdings sollten wir nicht vergessen: Christus erbittet von uns Folgendes: dass wir Ihn nicht nur anrufen, sondern auch schrittweise das tun, was Er uns gelehrt hat. Denn dann hören wir Ihn nicht nur, wir verstehen Ihn. – Wo verstehen wir Ihn? In unserem Gemüt. Es wird heller in unserem Gemüt; in unserem Tagesablauf – wir leben bewusster. Freude kommt auf, und wir fühlen: Wir sind nicht allein. Und plötzlich merken wir: Es ist Hilfe da, z.B. am Arbeitsplatz. Aber auch unsere Mitmenschen können uns Hilfe

geben. Wir hören in dem, was unsere Mitmenschen zu uns sprechen, plötzlich ein Wort, und wir spüren: Das kommt von der „Hotline", von Christus. Wir hören unseren Gesprächspartner reden und verstehen immer besser, was er uns wirklich sagen will. Und die Natur schenkt uns Erlebnisse über Erlebnisse.
Glücklich ist der, der die Hotline benützt. Er wird dann auch das leichter verarbeiten können, was im Tagesgeschehen auf ihn zukommt.

Mit anderen Worten:
Wir können jederzeit das Christus-Telefon, die „Hotline", anwenden, indem wir kurz innehalten, unsere rechte Hand auf unsere Brust legen und dadurch mit Christus in Kommunikation treten, indem wir uns bewusst machen: Christus ist in mir. Er hört mir immer zu; ich kann mit Bitten, Problemen, in der Verzweiflung, aber auch in der

Freude und im Dank zu Ihm kommen, mich also an Ihn wenden.

Jeder kann Ihn jederzeit „anrufen“ und Ihm seine Anliegen darlegen. Es lohnt sich, es zu probieren! Dann wächst das Vertrauen zu Christus, und wir sind dankbar, dass Er da ist. Denn auf eine ehrliche Bitte kommt immer eine Antwort oder eine Hilfe.

Verstehen wir es aber richtig! Die Antwort, die Hilfe kommt nicht unmittelbar über das „Telefon“. Entweder erleben wir in Situationen des Tages Antwort oder Hilfe, oder Menschen kommen auf uns zu, die mit uns über eine Angelegenheit sprechen. Wer mehr und mehr zuzuhören lernt, der hört unter Umständen daraus die Botschaft für ihn, die Antwort des Christus Gottes. Hilfe kann auch über Menschen zuteil werden, die uns erklären, wie sie ihrerseits aus einer Notsituation herausgefunden haben. Wir

horchen auf und denken: „Ähnliches liegt auch bei mir vor.“ Sind wir dann kurze Zeit still in unseren Gedanken - schon spricht unser Gefühl, das uns z.B. signalisiert: „Halte inne! Tue Ähnliches, und es wird dir besser gehen.“ Wer war es? Es war gleichsam unser „Ansprechpartner“, der Christus Gottes in uns.
Das heißt also, dass ich innehalten soll im Tagesablauf, um festzustellen: Was spricht der Tag, die Tagesenergie, zu mir? Das ist dann für mich die Antwort des Christus-Telefons.

## *Die „Hotline“ –<br>Christus ist jederzeit für mich da*

Warum nennen wir das „Christus-Telefon“ auch eine „Hotline“?
„Hotline“ heißt, dass es eine ständige Verbindung von uns zu Christus gibt, dass

Christus uns immer hört und dass wir über diese Hotline auch immer mit Ihm kommunizieren können. Diese Verbindung besteht in unserem Inneren. Und sobald wir still werden, können wir mit Christus oder mit Gott, unserem ewigen Vater, in unserem Inneren sprechen.

Hier könnte die Frage aufkommen:
Ist „Christus" und „Gott" nicht dasselbe?
Gabriele antwortete dazu Folgendes:
*Christus ist der Sohn unseres ewigen Vaters und Mitregent der Himmel. Das Wort GOTT bezeichnet das All-Gesetz, das man auch ewige Intelligenz nennen kann, ewiges Sein, Ursprung alles Reinen und Feinen.*
*Der Allgeist, der Unendliche – in anderen Religionen u.a. auch Jehova genannt –, ist einfach das Gesetz, fließende, strömende höchste Energie. Gott-Vater hingegen ist komprimiertes, also formgewordenes Gesetz, ist also ein göttliches Wesen, so, wie Christus, der Mitregent der Him-*

*mel, ein göttliches Wesen ist. Sie verkörpern das Gesetz der Unendlichkeit.*

Es ist wirklich schade, dass so wenige Menschen von dem „Christus-Telefon" wissen. Immer mehr Menschen fühlen sich allein, sind in Not, brauchen Hilfe, sind krank und anderes mehr. Besonders in solch misslichen und verzweifelten Lebenssituationen können und dürfen wir, jeder, der das möchte, das Angebot des Christus annehmen, mit Ihm in uns zu sprechen – über das Christus-Telefon. Es ist ja ganz einfach: Symbolisch die rechte Hand auf unser „Herz", das Christuszentrum.
So mancher hat inzwischen mehr oder weniger Erfahrungen mit dem Christus-Telefon. Es ist interessant, sich bewusst zu machen: Das Christus-Telefon ist die einzige „Hotline", die nichts kostet und nicht abgehört werden kann. Wir sind ganz privat mit Christus oder mit Gott, unserem Vater, ver-

bunden. Und, was noch dazukommt: Dieser Kanal ist eine Standleitung; sie ist immer offen.

Allgemein gesprochen, ist ja eine „Hotline" eine Telefonverbindung, die für spezielle Situationen zur Verfügung steht, vielleicht für Probleme oder auch für Notfälle. Man kann sie immer anrufen, zu jeder Tageszeit, auch in der Nacht und auch am Wochenende.

Das Christus-Telefon ist das genialste „Telefon" der ganzen Unendlichkeit.

Diese Hotline ist immer frei, und der Empfänger – also Christus – freut sich immer, wenn ich mit Ihm Kontakt aufnehme. Mein Gesprächspartner am anderen Ende der Leitung ist immer ein kompetenter Ansprechpartner, der mich besser kennt, als ich mich selber kenne. Das heißt: Ich kann mit allem zu Ihm kommen, und Er kann mir auch wirklich immer helfen. Und ich brauche keine bestimmten Formeln oder Worte zu verwenden, sondern ich kann mit Ihm so sprechen, wie ich möchte.

Diese „Hotline“ ist der Beweis dafür, dass wir keine Pfarrer oder Priester brauchen, um mit Gott, unserem Vater, oder Christus zu reden. Die Christus-Hotline ist die innere Sicherheit und Stütze und führt dazu, unabhängig und frei von Menschen zu werden.
Diese Hilfe, im schlichten Vertrauen zum Unendlichen angewendet, gibt Halt und Sicherheit, lässt uns zuversichtlich in den Tag starten und stellt wirklich die Verbindung her zum Geist Gottes in mir.

*Das bewusste Innehalten in den Situationen des Tages – der Anstoß zur Selbsterkenntnis*

Auf dem Inneren Weg haben wir gelernt: Ordne deine Gedanken. Zügle deine Rede. Meistere deine Sinne. – Zwar ist niemand vollkommen, doch jeder kann Schritt für Schritt dazulernen, und dann merken wir: Ich werde ruhiger. Ich arbeite bewusster. Ich nehme meinen Tag an, wie er kommt, denn er hat mir immer etwas zu sagen: Entweder aus dem Gesetz von Saat und Ernte, das heißt, ich erlebe das, was ich gesät habe. Oder ich vernehme eine Gesetzmäßigkeit des Lebens. Und wie vernehme ich sie?
Ich spüre z.B.: Das, was gesprochen wird – das hat mit den Geboten nichts zu tun! Und in dem Moment denke ich mir: „Halte Ordnung in deinen Gedanken! Zügle deine Rede!“ Und buchstäblich, wie vom Himmel die Regentropfen fallen, fällt in mich ein Gebot aus den Zehn Geboten hinein oder

aus den Lehren des Jesus, des Christus, aus der Bergpredigt. Und ich sage mir selbst: „Sei still, und tue, was dir geboten ist." Das hilft mir, das gibt mir Kraft; und dann bemühe ich mich um Ordnung und Klarheit in meinen Gedanken. Möchte ich etwas herausplappern, sage ich zu mir: „Zügle deine Rede!" Oder wenn ich einmal mehr naschen möchte, als für mich gut ist, dann sage ich zu mir: „Meistere deine Sinne."

So werde ich immer stiller und fühle: Christus in mir – die Hotline ist offen.
Wer die Verbindung mit Christus anstrebt und bewusst im Augenblick lebt, dem wird es immer besser gelingen, einen kleinen „Sieg" über sein Ichbezogenes, Niederes zu erringen. Und das sind die Schritte, um sich weiterzuentwickeln.
Dabei achtet Christus unseren freien Willen und greift nicht in unser Leben ein, wenn wir es anders wollen. Er sagte aber auch:

Wenn wir einen Schritt auf Ihn zugehen, dann kommt Er uns mehrere Schritte entgegen. Das heißt, wenn wir Ihn in einer Situation um Hilfe bitten und auch selbst erfüllen, worum wir bitten, kann Er uns helfen. Das bedeutet aber, nicht lediglich zu *glauben,* dass die Gebote Gottes richtig sind, und Ihn um Hilfe zu bitten, selbst hingegen nichts dazu beizutragen - sondern wir müssen auch aktiv dafür etwas tun.

Wir können uns nicht oft genug bewusst machen: Christus ist in uns. Er steht uns immer bei. Aber Er kann uns nur helfen, wenn wir Ihn darum bitten und die Schritte hin zu Ihm tun durch die Verwirklichung Seiner Lehre. In Seiner Bergpredigt sprach Er: *„Bittet, dann wird euch gegeben. Suchet, dann werdet ihr finden. Klopfet an, dann wird euch geöffnet."*

## *Worin besteht die Hilfe von Christus?*

Der eine oder andere wird an dieser Stelle sicher fragen: *Wie* hilft denn Christus? Nimmt Er uns einfach unliebsame Dinge hinweg? Nimmt er z.B. meine Angst, meine Sorge, meine Krankheit? Nimmt Er Not und Streit? Nimmt Er das einfach hinweg?

So läuft es natürlich nicht! Sondern: Christus wird uns im Alltag Situationen aufzeigen, in denen wir uns selbst erfahren können. Wir erkennen dann rascher, wann wir z.B. negativ über andere denken oder reden, damit wir den Grund dafür erfassen können, der ja in uns liegt. Erst dann können wir das, was in uns nicht gut, nicht positiv war, mit Seiner Hilfe bereinigen und eine andere Denk- und Verhaltensweise aufbauen. Sonst würden wir unseren Mitmenschen immer wieder die gleichen Gedanken und Worte entgegenbringen.

Sind wir sehr negativ gepolt – das heißt, befinden wir uns ständig im Kampf gegen unsere Mitmenschen und blenden wir in unserem Leben die Umwelt aus –, dann können wir Christus wohl anrufen, aber wir werden Ihn nicht vernehmen; der Alltag spricht nicht zu uns. Viele wollen die Hilfe so, wie sie es wollen und sich vorstellen. Meist kommt es aber nicht so, wie wir denken, dass es für uns gut wäre. Der Ansprechpartner, Christus, gedenkt zuerst unserer Seele, nicht unseres Egos.

## *Was bringt uns das Christus-Telefon im Alltag?*
## *Persönliche Erfahrungen von Urchristen*

Wenden wir uns noch einmal der Frage zu: Was bringt dieses Christus-Telefon im Alltag wirklich? Dazu einige Gedanken und persönliche Erfahrungen von Urchristen:

*Christus – die nahe Kraft,*
*die uns bewusst leben lässt*

- Christus ist uns näher als unsere Arme und Beine. Dies ist uns ja im Alltag oft nicht so bewusst. Und durch die Übung: Christus in mir – Christus in meiner Arbeit (in meinen Gedanken, in meinem Nächsten ...) wird mir diese Nähe mehr und mehr bewusst.

- Das Christus-Telefon ist immer eine großartige Hilfe; denn Christus hat für alles eine optimale Lösung. Mir hilft es, z.B. in schwierigen Situationen die Ruhe zu bewahren, neutral zu reagieren, den Mitmenschen nicht als „Feind" und „Besserwisser" begegnen zu wollen.
  Das Christus-Telefon macht Mut und kann „Berge versetzen", da es einem das Gefühl gibt, nicht alleine zu sein.

Diese Hilfe kann das Göttliche in jedem von uns aktivieren, lässt uns unsere ewige Herkunft erahnen und hebt das Niveau unserer Gedanken, Empfindungen, Worte und Taten, ja unseres gesamten Lebens an. Dies geschieht insbesondere dadurch, dass wir dafür sensitiver werden, wo wir im Alltag gegen die göttlichen Gebote verstoßen, so dass wir das Negative bereuen, klären und beheben können.

Durch die Übung kann ich auch gut erkennen, welche Gedanken mir momentan durch den Kopf gehen. Sie werden mir bewusst, und ich kann die unschönen, negativen Gedanken, die meistens gegen den Nächsten gerichtet sind, bereinigen. Durch die Übung fallen mir auch meine eigenen Worte auf, wenn ich z.B. zu einem Mitmenschen – oder über ihn – nicht gerade wohlwollend spreche.

- Die Hotline, das Christus-Telefon, können wir wirklich in jeder Situation in die Hand nehmen und Ihn anrufen. Z.B. vor einem schwierigen Telefonat, vor der Beantwortung eines heiklen Briefes, ja sogar bei Schwierigkeiten technischer Art.

- Wir haben gehört, dass heutzutage so viel von der Ära der Kommunikation gesprochen wird, und dabei gibt es so viele einsame Menschen. Warum? Weil alles darauf ausgerichtet ist, mit dem Äußeren zu kommunizieren. Aber wo führt das hin? Wir sehen es in der heutigen Welt.

*Christus – die Hilfe in der Gemeinschaft*

- Das Christus-Telefon konnte mir die Einsamkeit nehmen, weil ich Christus als Freund gefunden habe. Es kann Menschen auch zusammenbringen, denn es funktioniert auch in der Gruppe, in der

Familie, unter Kollegen. Z.B. habe ich erlebt: Wenn wir gemeinsam und mit Christus nach einer Lösung für ein Problem suchen, so baut sich auch wirklich eine gemeinsame Lösung auf.

- In der Gruppe angewendet, hilft das Christus-Telefon bei allen Situationen, die zu klären sind; es hilft, wegzukommen von den Meinungen und Vorstellungen Einzelner, hin zum dem, was Gottes Wille ist.

- Auch ich habe die Erfahrung gemacht: Wenn wir in der Gemeinschaft für die Zukunft planen oder ein Problem zu lösen haben, und jeder greift zum Christus-Telefon, und wir halten kurz inne, finden wir fast immer die Lösung. Uns wird auch bewusst: Jeder ist gleichwertig und kann zum Gelingen des Vorhabens beitragen. Auf diese Weise wächst in uns

immer mehr die Einheit mit unseren Nächsten, in die auch Tiere und Natur einbezogen sind.
Es kann auch einmal eine Warnung sein, die wir in uns wahrnehmen; dann ist Wachsamkeit angesagt, damit wir Gefahren rechtzeitig abwenden können.

Leben viele von uns Menschen nicht vielfach in den Tag hinein, ohne an Christus zu denken? Erst wenn es uns aus irgendeinem Grund einmal schlecht geht und wir nicht mehr weiterwissen, z. B. weil wir ernsthaft krank oder in einer brenzligen Situation sind, beginnt der eine oder andere zu beten. Und was sind die Inhalte vieler Gebete? Wir bitten Gott um Hilfe, dass sich die Situation nach unseren Vorstellungen lösen oder wir wieder gesund werden mögen. Christus oder Gott soll dann eingreifen und so helfen, wie wir glauben, dass es gut für uns sei. Wenn das dann nicht so klappt, wie wir es uns wünschen, hadern wir mit Ihm und sagen, dass es ja ohnehin nichts bringt, zu beten.

### *Glauben – und tun!*

Warum hat sich die Welt in den letzten 2000 Jahren, also seit es „Christen“ gibt, so wenig zum Positiven verändert, obwohl doch so viele Menschen immer so viel gebetet haben?
Mit dem Beten allein ist es eben nicht getan. Christus sagte doch vor 2000 Jahren sinngemäß: „Wer Meine Lehre hört und sie im Leben umsetzt, der ist ein kluger Mann, der sein Haus auf Felsen baut.“ Er hat aber nicht gesagt: „Wer Meine Lehre für gut und richtig hält, also daran glaubt, aber nichts davon in seinem Leben umsetzt, ist ein kluger Mann.“

- Diese Aussage widerspricht der Lehre der institutionellen Kirchen, die behaupten, dass der Glaube allein genüge, um in den Himmel zu kommen. Luther forderte sogar sinngemäß dazu auf: „Sündige tapfer, aber glaube noch tapferer!" Hier stellt sich die Frage: Wer hat nun recht, Christus oder die Kirchen?

- Worin besteht die Lehre des Jesus, des Christus, die wir in unserem Leben aktiv umsetzen sollen?
  Wenn wir in der Bibel nachlesen, sind das die Zehn Gebote, die Gott uns über Mose gab. Und es ist vor allem die Bergpredigt Jesu, deren Kernaussage man in dem Satz zusammenfassen kann: „Was du willst, dass dir dein Nächster tun soll, das tue du ihm zuerst!" Oder, anders gesagt: „Was du nicht willst, dass man dir tu', das füg' auch keinem anderen zu."

Eigentlich wäre es zutreffend, zu sagen: Die „Hotline" der Kirche ist der Beichtstuhl. Er lädt ein zum tapferen Weitersündigen. Der Pfarrer regelt nämlich alles – mit der richtigen Anzahl der gesprochenen Gebete, die er vorgibt, oder aufgrund der nötigen Spenden.

Weil wir Menschen, durch den Einfluss der entmündigenden Kirchenlehre, den „direkten Draht" zu Gott und zu Christus, verloren haben, müssen wir zur „Hotline" greifen und uns den direkten Draht wieder erarbeiten.
Und wir können froh sein, dass uns Gabriele diese wunderbare und so wirksame Übung mit dem Christus-Telefon übermittelt hat.

*Es gibt mehr als das,*
*was wir sehen und hören können*

- Jesus gab uns schon vor 2000 Jahren den Hinweis, unser stilles Kämmerlein aufzusuchen, um zu beten. Dieser Hinweis auf das stille Kämmerlein und das Christus-Telefon ist eine der größten Hilfen, die wir durch Jesus von Nazareth und durch Gabriele, die Prophetin und Botschafterin Gottes für unsere Zeit, erhalten haben. Denn wir brauchen keine Mittler, wir brauchen keine Zeremonien, keine Beichte, um mit Christus oder Gott, unserem Vater, zu sprechen und Ihm nahe zu sein.
  Eine unschätzbare Hilfe in jeder Situation im Alltag! Und das schenkt uns auch eine unendliche Freiheit.

- „Christus in mir“, „Christus in meinem Nächsten“ – diese Hotline erinnert uns

daran, dass in uns allen etwas Großes ruht. Die Seele ist berührt. Wir bekommen eine leise Ahnung davon, dass es mehr gibt als das, was wir sehen oder hören können.
Durch das Christus-Telefon – wenn wir die Übung machen: Christus in mir –, werden wir ruhiger in der Situation. Es wird uns bewusst, dass wir alle Kinder Gottes sind und dass Er, Christus, uns helfen möchte, zum Vater zurückzukehren.

- Das Christus-Telefon bringt uns auch eine neue Kommunikation zu unseren Mitmenschen, denn uns wird immer mehr deutlich: Christus ist auch in ihnen.

- Das Christus-Telefon hilft uns, uns selbst nicht mehr so wichtig zu nehmen. Dann können wir unserem Nächsten besser zuhören, ihn verstehen und erfassen, was wirklich sein Anliegen ist.

- Durch den Umgang mit dem „Christus-Telefon“ gewinnen wir mehr und mehr die Sicherheit: Gott ist immer *für uns*! Wir alle sind Seine Kinder. Er schickt keinen in die ewige Verdammnis. Gott ist weder willkürlich noch ungerecht, sondern Er liebt alle Seine Kinder und straft nicht.

## *Gottes Liebe zu Seinen Menschenkindern*

Gabriele hat die Liebe Gottes zu uns, Seinen Menschenkindern, so wunderschön beschrieben. Deshalb möchten wir an dieser Stelle gern weitergeben, was sie uns in dem Buch „Goldene Worte der Weisheit GOTTES aus der ewigen Quelle des Lebens“ übermittelt:

*„Es gibt nur eine Liebe und nur eine Wahrheit – sie ist Gott, das ewige Licht.*

*Suchen wir nicht alle Gott? Viele werden sagen: Ich frage mich, ob Gott existiert. Und so mancher sagt: Ich glaube nicht an Gott. – Im Grunde genommen, Hand aufs Herz, wir suchen doch alle den Frieden, wir suchen doch alle das Glück, wir suchen alle Harmonie. Alle wollen wir geliebt werden. Und so mancher sagt: Auf der Erde, in dieser Welt, habe ich dies alles nicht gefunden. Ich glaubte es hin und wieder, und es war immer wieder Täuschung.*

*Doch Einer täuscht uns nie – es ist wahrlich Gott, unser ewiger himmlischer Vater.*

*Lernen wir! Wir lernen nie aus, bis wir vollkommen sind.*

*Gehen wir davon aus: Gott ist uneingeschränkt das Gute. Tief im Seelengrund sind wir Gottes Schaffung, Seine göttlichen Wesen und somit das Gesetz der Liebe, das gut ist ...*

*Gott wird Seine Gnadenhand niemals vom Menschen nehmen, doch Er wird ihm auch die Gnade nicht aufzwingen, denn das Gesetz des freien Willens besagt: Wer auf Gott, die Liebe, Gnade und Hilfe, einen Schritt zugeht, dem kommt Gott mehrere Schritte entgegen ...“*

Und wir Menschen sollten nicht versäumen, Ihm, unserem besten Freund, Christus, für Seine Hilfe zu danken! Der Dank tut sogar uns selber auch gut und hilft uns, unsere guten Vorsätze nicht zu vergessen!

Es tut gut, von Herzen danke sagen zu können. Es macht glücklich und lebensfroh, weil wir z.B. schätzen, dass wir wieder gesund geworden sind, sich eine schwierige Situation gelöst hat, wir uns mit unserem Arbeitskollegen oder unserer Familie versöhnt haben, oder einfach nur, weil wir etwas Schönes erlebt haben.
Aufgrund dieser Dankbarkeit gehen wir gerne den nächsten Schritt vorwärts. Man fühlt, dass in jeder Situation auch das Gute liegt, und darüber freut man sich.

## *Zu einer positiven „Sendestation" werden*

Nun noch einige weitere Worte Gabrieles über die Kommunikation mit Gott:

*„Leben heißt Atem.*
*Leben heißt Kommunikation mit Gott.*
*Leben heißt Kommunikation mit der Unendlichkeit,*
*mit allen Sonnen und Planeten,*
*mit der gesamten Mutter Erde.*
*Haben wir nicht die beste Technik in uns?*
*Wenn wir umdenken und*
*eine positive Kommunikation aufbauen*
*zu den positiven Kräften des Alls,*
*wenn wir die Tagesenergie nützen und im Tag*
*unsere Fehler und Schwächen erkennen,*
*sie bereuen, bereinigen und nicht mehr tun –*
*dann stellen wir uns um,*
*und wir haben dann*
*eine positive 'Sendestation' in uns*
*und werden auch positiv empfangen."*

Liebe Leser, es ist wohl klar geworden: Das Christus-Telefon ist keine neue Erfindung der modernen Technik. Dieses Telefon gibt es, seit es Menschen gibt, die nach Gott suchen, und dies geht zurück bis zum Fallgeschehen, also bis zur Abwendung einiger Geistwesen vom Unendlichen, von Gott, unserem himmlischen Vater.

Der ewige Vater klopft unaufhörlich an unser Herz, und es geht jetzt darum, dass wir das „Telefon" auch tatsächlich in Anspruch nehmen.

Christus *war* nicht unser Erlöser vor 2000 Jahren - Er ist es immer noch. Und der Erfolg dieser Tele-Kommunikation hängt nicht davon ab, ob Er uns hört oder empfängt - denn das tut Er in jedem Fall -, sondern davon, ob wir das, was wir in unserem Innersten und auch in unserem täglichen Leben wahrnehmen - im Anschluss an diese Kommunikation -, annehmen und in unserem Leben umsetzen.

Die Frage ist also: Wollen wir neue Menschen werden, indem wir über das Christus-Telefon Kommunikation mit den Himmeln aufbauen? Oder bleiben wir die Alten und sagen dann einfach resigniert: Bei mir hat es nicht funktioniert.

Wenn heute oder morgen bei Ihnen Fragen auftauchen oder Schwierigkeiten zu lösen sind, wenn Sie in einer Situation keinen Rat wissen oder keinen Ausweg sehen oder wenn Sie eine Hilfe erhalten haben und von Herzen danken möchten - dann halten Sie inne. Gehen Sie in Ihr „stilles Kämmerlein" - womit hier das Herzenskämmerlein gemeint ist -, und greifen Sie zum geistigen „Telefonhörer" in der Nähe Ihres Herzens. Und dann rufen Sie an: „Christus in mir", und Sie werden es erleben: Die „Nummer" wird gewählt! Er, Christus, hört Sie mit Sicherheit. Er nimmt das an und auf, was Sie Ihm mitteilen.

Wir wünschen Ihnen eine gute Kommunikation mit dem Christus-Telefon, der wunderbaren Hotline für Bitte und Danke.

# Freiheit!
# Freisein in Christus

Gerade die junge Generation spricht immer wieder von der Freiheit. Viele der älteren Erziehergeneration werden sagen: „Wir erinnern uns, wie es früher geheißen hat: ‚Die heutige Jugend nimmt sich aber viele Freiheiten heraus!'" Oder sie kommentieren die heutigen Gegebenheiten: „Zu unserer Zeit wäre das undenkbar gewesen."
Dennoch sehnen sich auch viele ältere Menschen nach Freiheit. Sie suchen die Freiheit vom Arbeitsstress. Sie möchten die Freiheit von Krankheit. Sie streben finanzielle Freiheit an. Oder sie fordern die Glaubensfreiheit. – Nun, jeder versteht unter Freiheit etwas anderes, und oft meint man, dass es Freiheit vielleicht in dieser oder jener Form gar nicht geben kann. Und dennoch sind wir alle davon überzeugt, dass wir danach streben wollen.

Fragen wir uns also: Was ist Freiheit überhaupt? Woran denken wir, wenn wir sagen, wir streben Freiheit an? Und vor allem auch: Was macht uns eigentlich unfrei?

Aus dem Galaterbrief im Neuen Testament kennen wir die Aussage: „Was der Mensch sät, wird er ernten". Das Gesetz von Saat und Ernte hat viel mit Freiheit zu tun. In der Kirche wird vom Gesetz „Saat und Ernte", sinngemäß „Was du säst, wirst du ernten", so gut wie nicht gesprochen. Wenn wir in die Politik schauen, hört man selten von dieser Gesetzmäßigkeit, dem Gesetz „Saat und Ernte" - obwohl es in der Verfassung vieler Staaten zum Ausdruck kommt.
Blicken wir zunächst einmal ins Deutsche Grundgesetz. Was finden wir darin zum Thema „Mensch und Freiheit"?
„Freiheit" ist auch in der Rechtsordnung ein ganz wichtiger Begriff. Das Grundgesetz ist die Grundlage des Staates. In ihm sind die

Grundrechte, die Grundfreiheiten des Menschen bzw. des Staatsbürgers geregelt. Im Grundgesetz steht auch, auf welche Weise die Behörden tätig werden dürfen, und wie sie sich zu verhalten haben. Daraus ersehen wir: Der Bürger soll geschützt sein – geschützt werden vor staatlicher Willkür.

Im Grundgesetz für die Bundesrepublik Deutschland heißt es in Artikel 2:

Absatz 1:

„Jeder hat das Recht auf die freie Entfaltung seiner Persönlichkeit, soweit er nicht die Rechte anderer verletzt und nicht gegen die verfassungsgemäße Ordnung oder das Sittengesetz verstößt."

Absatz 2:

„Jeder hat das Recht auf Leben und körperliche Unversehrtheit. Die Freiheit der Person ist unverletzlich. In diese Rechte darf nur aufgrund eines Gesetzes eingegriffen werden."

Wenn sich der Einzelne nach den Gesetzen verhält, so kann man sagen, er ist frei oder scheint frei.
Verhält er sich nicht danach, dann greift der Staat, z.B. das Gericht, ein. Hat er ein kleines Vergehen begangen, wird er unter Umständen zu einer Geldstrafe verurteilt. Handelt es sich um ein größeres Vergehen oder um ein Verbrechen, so ist entsprechend auch Freiheitsentzug die Folge.

Wir sehen: Der Staat wendet durchaus das Gesetz von Saat und Ernte an – es ist letztlich ein sogar im Grundgesetz verankertes Prinzip, allerdings oft ohne Erbarmen. Denn wenn jemand gegen die Gesetze verstößt, dabei aufgegriffen wird und z.B. ins Gefängnis kommt, dann kann er oft nicht auf Erbarmen oder Barmherzigkeit hoffen. Ja, es kann sogar sein, dass – wie in einigen Ländern noch rechtlich verankert ist – die Todesstrafe verhängt wird.

Doch wie sieht es im göttlichen Gesetz aus? Jeder Mensch ist vor Gottes Angesicht frei, denn sein innerstes Wesen ist frei, absolut frei. Sein wahres, ursprüngliches Wesen ist das Erbe Gottes, das Erbe der ewigen Heimat. Bei der allmählichen Menschwerdung wurden die hohen Kräfte, die göttlichen Energien, heruntertransformiert. Sie sind nun verdichtet zur materiellen Hülle, die sich „Mensch" nennt.
Im Reich Gottes ist das Gesetz, das All-Gesetz, ein *reines* Gesetz, das Gesetz von Senden und Empfangen. Wir Menschen haben – im Zuge der zunehmenden Verschattung und Verdichtung, die mit einer Einengung des Bewusstseins einherging – dieses göttliche Gesetz heruntertransformiert: Wir könnten es folglich das „Fall-Gesetz" oder das persönliche „Schuld-Gesetz" nennen. Es ist das Gesetz von Saat und Ernte, das auch als „Kausalgesetz" oder „Gesetz von Ursache und Wirkung" bezeichnet wird. Es dient

der Rückführung alles Gefallenen zurück in die göttliche Ordnung.
Das Kausalgesetz ist von einer geringeren Dimension als das Gesetz Gottes, das alles, was ist, durchstrahlt. Also ist das ewige Gesetz, Gott, auch im Fallgesetz, dem Kausalgesetz, wirksam. Hier auf Erden hat jeder selbst seine Belastungen eingegeben, seine Zuwiderhandlungen gegen Gottes Gesetze der Liebe und der Freiheit, und diese Schuld-Energien kommen auf ihn zurück.
Im menschlichen Gesetz wird ein Verschulden von entsprechenden Instanzen, von staatlichen Organen, bestraft. Im Gesetz des Falls, das Gott für Seine Erdenkinder zuließ, werden unsere persönlichen Verfehlungen jedoch nicht mit einer Strafe Gottes beantwortet, wie es von den Kirchen dargestellt wird, sondern es ist einfach eine Abfolge: Da keine Energie verloren geht, kommt das, was wir aussenden, aufgrund des Gesetzes der Anziehung – „Gleiches zieht Gleiches

an“ – oder eben des Gesetzes von Saat und Ernte wieder auf uns zurück. Darin liegt also keine Strafe, sondern die Möglichkeit der Selbsterkenntnis.

Natürlich fragt der Mensch: Gibt es in diesem „Saat und Ernte-Gesetz“ kein Entrinnen? Können wir das Negative nicht rechtzeitig wieder auflösen?

Jesus, der Christus, erklärte uns, dass es für jeden individuell „seinen“ Tag gibt. Heute, an diesem, unserem Tag, können wir erkennen, was wir an Ungutem, an Unschönem, durch negatives Denken und Leben geschaffen haben – und können dieses mit Seiner Hilfe, mit Seiner Kraft bereuen und bereinigen. Im nächsten Schritt, nämlich wenn wir dasselbe oder Ähnliches nicht wieder tun, kann das Negative auch gelöscht werden – in den Zellen unseres Körpers, in unserer Seele, aber auch in den Speicherplaneten des materiellen und feinerstofflichen Kosmos.

Dass dies möglich ist, stellt eine Handreichung Gottes, unseres ewigen Vaters, eine Gnade, dar: Gibt Er uns doch damit durch Christus die Hilfe, wieder zu Ihm in die ewige Heimat zurückzufinden und das Gesetz von Saat und Ernte schrittweise auch aufzulösen.
Denn Gott bestraft uns nicht; Er züchtigt uns nicht. Aber wenn wir uns von Ihm entfernen, dann müssen wir die Wirkungen dessen, was wir selber geschaffen haben, auch selbst tragen.
Das heißt also: Wir sind für unser Tun selbst verantwortlich. Das ist ja der Charakter der Freiheit. Ich bin frei, zu tun, was ich möchte, aber dafür trage ich Verantwortung. – Gott sperrt uns also nicht ein. Er wird uns keine Geldstrafe geben. Er wirft uns auch nicht in die ewige Verdammnis. Das Gesetz heißt „Saat und Ernte“: Säe ich Gutes, werde ich Gutes empfangen. Säe ich Böses, wird Böses auf mich zurückkommen.

Unser irdisches Leben besteht aus Tagen, aus Wochen, aus Monaten. Warum sind uns die Tage gegeben? Was möchte denn Gott von uns, dass wir an diesen Tagen tun sollen? Darin liegt auch die Frage nach dem Sinn des Lebens: Wozu sind wir auf dieser Erde? Wozu hat Gott uns Seine Gesetze gegeben? – Damit wir sie erfüllen, mit dem Ziel, schließlich wieder ins Vaterhaus zurückzukehren. Und Jesus, der Christus, lehrte uns detailliert, wie wir unser Erdendasein in Seinem Sinne nützen können und sollen.

Was verstehen wir unter den Gesetzen Gottes?
Es sind jene Gesetzmäßigkeiten, die uns seit Tausenden von Jahren durch die Gottespropheten gegeben sind. Das sind z.B. die Zehn Gebote Gottes durch Mose; es ist die Bergpredigt des Jesus von Nazareth. Es sind aber auch die Auslegungen der göttlichen Ge-

setzmäßigkeiten in der heutigen Zeit durch den Prophetischen Geist und durch Gabriele, die in unendlich vielen Schulungen Hinweise und Erläuterungen zu den Gesetzen Gottes und deren Anwendung im Alltag gegeben hat und gibt.
Demnach dürfen wir Gott also nicht anklagen, denn Er hat uns Menschen wahrhaftig genug gegeben, zur Wende, zur Umkehr, zur Selbstbesinnung, um Ihm wieder näher zu kommen, um also ein gutes, positives Leben führen zu können, das frei, friedvoll und glücklich macht. Gott sandte Seinen Sohn bereits vor 2000 Jahren zu uns. Warum? – Wiederum, um uns Hilfestellung zu geben. Doch was haben wir Menschen daraus gemacht?
Gott ist barmherzig, Gott ist gut. Gott will nicht, dass wir leiden, dass wir krank sind, dass uns Not und Elend widerfährt, dass wir Hungersnöte oder Seuchen erleben – das alles will Gott nicht. Aber wenn wir der-

gleichen verursachen – durch unseren Lebensstil, durch schlechte Gewohnheiten, durch Streitsucht und Egoismus --, dann müssen wir es auch selber tragen. Das ist das Gesetz von „Saat und Ernte“.
In der einen oder anderen Form sind die Gebote Gottes seit Tausenden von Jahren der Menschheit bekannt. Es kann also keiner sagen, er habe davon nicht gewusst.

Im Gesetz von Saat und Ernte liegt letztlich die Barmherzigkeit Gottes, denn es gibt uns die Möglichkeit, unser Fehlverhalten, die negativen Haltungen, in unserem Leben zu bereinigen. Das ist beim Staat nicht der Fall. Sogar wenn ein Mensch seinen Fehler einsieht, bereuen und bereinigen möchte, wird er dennoch verurteilt. Und sehr oft gibt man ihm gar keine Chance, sein Fehlverhalten zu erkennen und zu bereuen, denn das staatliche Gesetz hat mit Barmherzigkeit nur wenig zu tun.

Im Staat gilt insofern auch das Prinzip von Ursache und Wirkung: Habe ich Unheil bzw. Schaden angerichtet, dann kommt die Wirkung auf mich zu. Doch vieles kommt überhaupt nicht ans Licht, und somit bleibt oft derjenige, der sich schuldig gemacht hat, unerkannt. Es ist auch möglich, dass ein Mensch, der einen anderen getötet hat, zu lebenslanger Haft oder gar zur Todesstrafe verurteilt wird. Doch die Reue oder die echte Bitte um Vergebung – die anerkennt das staatliche Gesetz nicht; darin ist kaum etwas von Barmherzigkeit zu finden; bestenfalls wird einmal ein Verurteilter begnadigt.

Fragen wir weiter: Wie steht es mit der Gerechtigkeit in einem Staat?
Gerechtigkeit ist ein göttliches Prinzip; sie strebt immer den Ausgleich an. Wahre Gerechtigkeit macht frei. Bei den staatlichen Gesetzen kann jedoch von wahrer Gerech-

tigkeit keine Rede sein, denn oft verhält es sich so: Derjenige, der die besseren Argumente hat, bekommt (z.B. vor Gericht) Recht. Oder wenn jemand lügt, also die Unwahrheit sagt, oder wenn er etwas verschweigt, bekommt er Recht. Möglicherweise kommt der Richter nicht an die Wahrheit heran, weil er diese z.B. gar nicht wirklich ermitteln kann.
Gerechtigkeit ist also vom Staat nicht zu erwarten, und es ist durchaus möglich, dass ein Mensch aufgrund der staatlichen Gesetze auch seine Freiheit verliert.

Doch müsste man die Freiheit nicht zumindest bei den sogenannten christlichen Kirchen finden können?
Dort beginnt alles mit der Taufe. Doch wer ist wirklich freiwillig getauft worden? Kaum jemand. Man wird als Säugling getauft und ist dann eingebunden in eine Religion, die man nicht bewusst gewählt hat. Und wenn

jemand später aus seiner freien Entscheidung heraus die Kirche wieder verlassen möchte, dann ist er, nach der Lehre der Kirche, bereits mit der ewigen Verdammnis bedroht. Vielen Menschen ist es so ergangen, und viele sind dennoch ausgetreten. Mit Freiheit hat dieses Diktat der Kirchen allerdings nichts zu tun.

Wie viele Dogmen gibt es z.B. in der katholischen Kirche! Vielen Kirchengläubigen ist nicht bewusst, dass sie bereits der ewigen Verdammnis überantwortet sind, wenn sie nicht an diese Dogmen glauben. Doch Christus hat das nicht gelehrt! Keines dieser Dogmen, geschweige denn die ewige Verdammnis, stimmt mit Seiner Lehre überein. Also: Wo ist die Freiheit in den Staatsreligionen?

Fragen wir weiter: Schaffen Eltern nicht schon wieder eine Ursache, wenn sie ihr Kind in eine solche kirchliche Institution hineintaufen lassen?

Diese Ursache führt, genau genommen, in die Abhängigkeit von dem System Kirche. Der Säugling wird, aufgrund der Entscheidung der Eltern, durch einen Priester in diese Kirche hineingetauft. Das kleine Kind kann sich dagegen nicht wehren. Und es geht dann weiter: In der Kirche gibt es die Kirchengesetze, die im Katechismus zusammengefasst sind. Im katholischen Katechismus heißt es z.B. über den Getauften: „Zu einem Glied der Kirche geworden, gehört der Getaufte nicht mehr sich selbst, sondern dem, der für uns gestorben und auferstanden ist. Darum soll er sich in der Gemeinschaft der Kirche den anderen unterordnen, ihnen dienen und den Vorstehern der Kirche gehorchen, sich ihnen unterordnen, sie anerkennen und hochachten."
Wir sehen: Von Freiheit ist ebenfalls im Kirchengesetz überhaupt nicht die Rede. Wer einmal hineingetauft worden ist, befindet sich in einer Art Zwangsjacke. Die Kirche

legt eine Art Zwangsjacke um den Kirchenchristen, und diese begleitet ihn durch das ganze irdische Leben. Unter anderem damit hält sie auch ihr Herrschaftssystem aufrecht. Jesus von Nazareth allerdings hat von dergleichen überhaupt nichts gelehrt. Jesus war ein Mann der Freiheit. Er lehrte das Volk die Gesetze Gottes. Und dann ließ Er sich, als erwachsener Mann, von Johannes im Jordan taufen. Es ist also genau anders, als es die Kirche heute handhabt. Die Kirche tauft, damit sie die Mitglieder, die Kirchenchristen, in ihre Fänge zieht. Und jeder kann sich selbst fragen, wann er dort die Gesetze Gottes gelehrt bekommen hat.

Und in der Lutherischen Kirche? Im evangelischen Religionsunterricht hören die Schüler, knapp ausgedrückt, folgendes: Gott hat alles vorherbestimmt, auch, ob einer in den Himmel kommt oder in die Hölle. Tatsächlich sagt Luther selbst deutlich in seiner

Schrift vom „Geknechteten Willen“, wie es mit der Freiheit in der Lutherischen Kirche bestellt ist: „Auf diese Weise ist der menschliche Wille mitten zwischen beide gestellt, ganz wie ein Reittier. Wenn Gott darauf sitzt, wird er gehen, wohin Gott will, wenn der Satan darauf sitzt, will er und geht er, wohin der Satan will. Und er“ – das ist dann der Mensch – „hat nicht die Entscheidungsfreiheit, zu dem einen Reiter zu laufen oder ihn zu suchen, sondern der Reiter selbst streitet darum, ihn festzuhalten und besitzen.“
Nach Luther ist es also egal, was wir tun – dann muss man aber die Frage stellen: Warum soll denn dann einer überhaupt in die Kirche gehen?

Luther sprach auch über die Gebote, und was er darüber sagt, ist eigentlich noch krasser: „Die Gebote lehren und schreiben uns vor mancherlei gute Werke, aber damit sind sie noch nicht geschehen. Sie weisen wohl, sie helfen aber nicht, lehren was man tun soll, geben aber keine Stärke dazu. Darum sind sie nur dazu geordnet, dass der Mensch darinnen sehe sein Unvermögen zu dem Guten und lerne, an sich selbst zu verzweifeln."

Wohin die Verzweiflung einen Menschen treiben kann, ist bekannt: in Sorgen, in Not, in Selbstaufgabe, zum Selbstmord oder gar zum Mord. Oder auch in Krankheit. Denn wer verzweifelt ist, ist nicht glücklich; er wird unter Umständen krank, weil er nicht frei leben kann.

Wir sind uns oft nicht bewusst, was diese Art von Lehre den Menschen angetan hat. Die Medizin spricht heute sogar von „ekklesiogenen Neurosen", also durch die Kirchenlehre verursachten nervlichen Zuständen. Menschen geraten an den Rand ihres Verstandes, weil sie in dieser dauernden Verzweiflung leben, weil sie sich z.B. durch

die angedrohte „ewige Verdammnis“ in die Enge getrieben fühlen, weil sie letztlich meinen, an einen strafenden, zornigen, rachenehmenden Gott glauben zu müssen.
Wir sollten uns in diesem Zusammenhang einmal bewusst machen, was mit der Lehre des Jesus von Nazareth gemacht worden ist! Jesus brachte die Lehre der Gottes- und Nächstenliebe. Seine Frohbotschaft wurde völlig ins Gegenteil verkehrt.
Derartige Lehren können das ganze Leben eines Menschen überschatten, ihn in seinen Entscheidungen beeinflussen. Sie stehen oft dem Aufbau von Charakterfestigkeit und -stärke im Wege und können ihn krank machen oder ihn unter Umständen sogar in den Tod treiben.

Das folgende Zitat zeigt klar auf, was Luther unter Freiheit versteht; er sagte:
„Also sehen wir, dass an dem Glauben ein Christenmensch genug hat. Es bedarf keines

Werkes mehr, so ist er gewisslich entbunden von allen Geboten und Gesetzen. Ist er entbunden, so ist er gewisslich frei. Das ist die christliche Freiheit."
Wir sehen: Das komplette Gegenteil dessen, was Jesus von Nazareth lehrte! Doch Jesus sagte auch: „Wer eines der kleinsten Gebote anders lehrt, ist der Geringste im Himmelreich ..."

Und was lehrte Jesus von Nazareth wirklich? Die wahre Freiheit! Er kam in diese Welt, um uns frei zu machen. Er bevormundete niemanden. Er band niemanden an sich. Was sagte Er zu den Jüngern? „Ordne dein Leben, und folge Mir nach! Erfülle die Gesetze!"

So gilt es auch heute wieder: Folget Ihm nach, erfüllt die Gesetze! – Das ist Sein Angebot, könnten wir sagen. Er sagt nicht „du musst", sondern: Du kannst es machen, wie

du es möchtest; du hast den freien Willen. Willst du aber Mir, dem Christus, nachfolgen, dann erfülle die Gebote Gottes und Meine Lehren.
Was Luther von sich gab, kann man tatsächlich als grotesk bezeichnen. Denken wir nur, was es bedeutet, wenn Luther sagt: „Du musst nur glauben. Was du tust, spielt keine Rolle". Und er empfahl ja ebenfalls: „Sündige tapfer, aber glaube noch tapferer." Jesu Worte am Ende Seiner Bergpredigt hingegen lauten: „Wer diese Meine Lehre hört und sie *tut*, ist ein kluger Mann". Damit ist die ganze christliche Religionslehre der Amtskirchen unwahrhaftig, denn sie schreiben genau das Gegenteil von dem vor, was Jesus von Nazareth gesagt hat – nennen sich dabei aber „christlich"!
Gehen wir einmal dem folgenden Gedanken nach: Wenn die Lehre Luthers und die des Vatikans zur wahren Freiheit führen würde, wie würde dann die Erde heute aus-

sehen? Hätten wir Menschen die Lehre des Jesus, des Christus, gelebt und im Alltag umgesetzt – der Planet Erde wäre fruchtbar; es gäbe keine Naturkatastrophen, keine Kriege; die Menschheit wäre gesund; Tiere, Pflanzen und Menschen würden in Einheit miteinander leben. – Woran also liegt es, dass es so nicht ist? Vor 2000 Jahren gab uns Jesus, der Christus, Seine Lehre; deren hohe Ethik hat sicher keinen Anteil daran, dass nun die Welt am Abgrund steht.

Kehren wir zurück zu den Worten des Jesus, des Christus. Jesus empfahl uns, Seine Lehre zu *tun*. Von „nur glauben" war nicht die Rede, sondern von der Umsetzung des von Ihm Gebotenen. Daher ist die Richtschnur urchristlichen Handelns, das im Alltag anzuwenden, was Inhalt Seiner Lehre ist. Und diese ist den Geboten Gottes und den Lebensregeln der Bergpredigt zu entnehmen.

Die urchristliche Lehre macht frei. Und Freiheit heißt auch, dem eigenen Gewissen zu folgen, statt sich „Autoritäten", z.B. den Kirchenvertretern, unterzuordnen. Unterordnung war ein zentrales Thema, eine Forderung des Paulus, wie es noch im Text der Bibel zum Ausdruck kommt. Jesus jedoch war stets unabhängig und unbeeinflussbar. Er blieb sich selbst und dem Gesetz Gottes, das Er verkörperte, treu. Weder hat Jesus selbst sich den damaligen Religionsführern untergeordnet, noch hat Er den Menschen anempfohlen, dass sie sich irgend jemandem unterordnen sollen! In der Lehre des Jesus, des Christus, in der urchristlichen Lehre, gibt es keine Bevormundung, keine Indoktrination; es gibt auch keine Unterjochung und keine Subordination. Und darum ist die urchristliche Lehre eine freie Lehre. Urchristen sind freie Menschen.

Merken wir uns also: Vom Unterordnen sprach Paulus, nicht Jesus!

Jesus wollte, dass man Ihm *frei* nachfolgt. In der Novelle „Der Großinquisitor" von Dostojewski gibt es eine bemerkenswerte Passage. Der Großinquisitor hat Jesus, den Christus, gefangen genommen und spricht zu Ihm:

„Statt also dich der Freiheit der Menschen zu bemächtigen, hast du deren Grenzen nur erweitert ... und hast die Seele des Menschen für alle Zeiten mit neuem Leid überladen. Dein Wunsch war die freie Liebe des Menschen; frei sollte er dir nachfolgen, von dir gelockt und gefangen. Statt sich nach den alten, harten Gesetzen zu richten, sollte der Mensch von nun an freien Herzens für sich selber entscheiden, was gut und was böse sei, mit deinem Beispiel vor seiner Seele. Wir werden sie davon überzeugen, dass sie nur dann frei sein können, wenn sie sich von ihrer Freiheit zu unseren Gunsten lossagen und sich uns ergeben."

„Sich *uns* ergeben“ - wer ist hier gemeint? Die Priesterkaste.
Festzustellen bleibt: Weder beim Staat noch bei den kirchlichen Institutionen ist wahre Freiheit zu finden.

Fragen wir weiter: Was heißt denn für die meisten Menschen „Freiheit“?
Für viele bedeutet „Freiheit“ Urlaub oder ein Leben in Luxus; Freizügigkeit; eventuell auch, sich alles leisten zu können. Es gibt eine Kreditkartenwerbung mit der Aussage: „Die Freiheit nehme ich mir“. Beruht diese Formulierung nicht auf der Einstellung vieler Menschen, dass man sich eben mit Geld die ganze Freiheit kaufen kann?
Besonders in der Werbung wird uns immer wieder vermittelt, Freiheit sei vor allem auch Freizeit. Schon am Anfang der Woche hört man vielfach im Radio: „Noch so und so viele Tage bis zum Wochenende.“ Aber wenn das die Freiheit wäre, dann müsste

es ja „Freizeitheit" heißen – und dann wäre man die ganze Woche, während man arbeitet, unfrei. Heißt Freiheit also nur Relaxen und Sich-gehen-Lassen, sich mal ordentlich Hängen-Lassen?
Fragen wir uns doch: Macht diese Art der Freiheit wirklich glücklich und zufrieden?

Die Erfahrung lehrt jeden früher oder später: Dies alles, was als Merkmal von Freiheit verkauft wird, bringt keine Freiheit auf Dauer. Man hat unter Umständen einige Minuten, Stunden oder Tage vielleicht Spaß und Freude dabei, aber das Hochgefühl hält nicht an. Irgendwann fallen wir wieder in unser Loch, in unseren Alltag und unsere Depressionen. Das alles hat also nichts mit der wahren Freiheit zu tun.
Worauf beruht denn meistens unsere Unfreiheit? Auf unserem Sein- und Habenwollen den Mitmenschen gegenüber. Diese innere Haltung bindet uns an bestimmte

Menschen, denen gegenüber wir bestimmte Erwartungen haben, die uns etwas entgegenbringen und geben sollen, die uns auf die eine oder andere Weise anerkennen, wertschätzen, eventuell loben sollen. Ein Beispiel: Ich erwarte z.B. von einem Freund, dass er mich in allem bestätigt, was ich tue. Tut er das nicht, dann bin ich enttäuscht; verliere das Selbstvertrauen, bin deprimiert, beleidigt; ich ärgere mich; beginne, negativ an den anderen zu denken; mein ganzes Denken kreist um diesen Freund, dass er sich plötzlich „so unmöglich" benimmt usw. – Bringt das Freiheit? Keinesfalls, sondern nur weitere Bindung. Das ist Abhängigkeit, und diese Abhängigkeit macht unglücklich und unzufrieden. Und Abhängigkeit ist Unfreiheit.

Haben wir Erwartungen einem unserer Nächsten gegenüber, so sind wir an ihn gebunden. Damit geben wir unter Umständen die Verantwortung für unser eigenes Leben ab, in die Hände von anderen Menschen. Wir erwarten von ihnen, dass sie uns das Glück bringen, die Freiheit geben. Das klappt aber nicht. – Warum nicht? Haben-Wollen macht nicht frei. Frei ist nur der Mensch, der zu geben vermag.

Es beruht ebenfalls auf falschen Vorstellungen von Freiheit, wenn wir z.B. bis in die Nacht feiern und das „Leben" genießen, wie es nur geht. Viele denken: „Man hat nur ein Leben, und das muss man auskosten." Und doch wird keinem die ernüchternde Bilanz erspart bleiben: Das alles bringt nicht die ersehnte Freiheit, und deswegen wollen wir immer *mehr*. Dann probieren wir immer wieder neue Sachen, die uns am Ende doch nicht frei und auch nicht glücklich machen. Je mehr wir uns weiteren verlockenden Lebensgenüssen hingeben, um dem Leben den Geschmack der Freiheit abzugewinnen, desto größer ist schlussendlich die Enttäuschung, das schale Gefühl, das deutlich macht: *Das* war es mal wieder nicht! Das Ergebnis einer solchen „freien Entfaltung“ unserer Freiheit ist nun mal nicht die Lebenserfüllung, sondern die große Leere. Ein derartiges Streben nach dieser Freiheit, die gar keine ist, macht uns dann erst recht unfrei und unglücklich. Wir erzielen also genau das Gegenteil von dem, was wir eigentlich wünschen und wollen.

In den Abläufen zwischenmenschlicher Beziehungen, die zu Abhängigkeit und Bindung führen, spielen unsere Gedanken eine entscheidende Rolle. Gedanken sind Kräfte, sind Energien. Schon wenn wir an eine Person oder an bestimmte Personen ständig negativ denken, sind wir letztlich abhängig, und somit verlieren wir auch Energie. Als Folge könnte auch eine Schwächung von Organen unseres Körpers eintreten, so dass wir erkranken.

Im Volksmund heißt es: Die Gedanken sind frei. – Doch das ist eben ganz und gar nicht wahr. Gerade durch unsere negativen Gedanken werden wir ja unfrei. Sie sind eine Form von Energie, die wir aussenden und die nach dem Kausalgesetz auch wieder auf uns zurückkommt. Und alles, was negativ auf uns zurückkommt, bedeutet Bindung, letztlich Versklavung. Wir werden unsere eigenen Sklaven durch die negativen Gedanken. Also sind auch die Gedanken nicht frei!

Dazu macht wohl jeder kleinere oder größere Erfahrungen im Alltag. Denke ich beim Anblick einer Person z.B.: „Wie der (bzw. die) nur wieder angezogen ist!", oder sage ich: „Schau mal, was der für Schuhe anhat!" – schon habe ich den Mitmenschen abgewertet, habe ein Vorurteil gefasst, unter Umständen noch bevor ich ihn überhaupt kenne. Dann bin ich unfrei. Ich kann auch diesem Menschen nicht mehr frei begegnen. Ich kann ihm nicht in die Augen schauen, ohne scheinheilig, also unwahrhaftig zu sein. Ich gebe etwas vor, was ich nicht bin, denn ich habe anders, nämlich negativ wertend bzw. abfällig, über ihn gedacht.

Wir alle möchten leben, unser Leben positiv erfahren, ja, es genießen. Doch ist es nicht oft folgendermaßen?: Wenn ein unangenehmes Gespräch mit jemandem stattgefunden hat, und ich hänge dem in Gedanken nach, so kann ich das Leben überhaupt nicht genießen. Ich bin dann in meinen Gedanken befangen, sprich: gefangen. Im Grunde habe ich meine Freiheit ein Stück weit verloren. Ich nehme nicht mehr bewusst wahr, wie herrlich die Sonne scheint; ich bemerke nicht, dass vielleicht neben mir jemand Hilfe braucht, ein Tier, ein Mensch – wer auch immer.
Daher sollte uns daran gelegen sein, Freiheit in unseren Gedanken zu schaffen, um einen

klaren Kopf und einen freien Blick zu bekommen und zu behalten.
Es war bereits viel die Rede von Bindung und Abhängigkeit. Doch was heißt überhaupt „Abhängigkeit"?
Abhängigkeit bedeutet: Wir hängen an der Energie eines anderen. Wir erwarten von ihm etwas, was wir uns selber nicht erarbeiten wollen. Nicht wir tun es – der andere soll es für uns tun. Nicht ich verdiene meinen Lebensunterhalt – er soll es für mich tun. Ich bin heute schlecht gelaunt – der andere soll mich fröhlich stimmen. – Hängen wir da nicht richtig „am Tropf" unseres Mitmenschen?
Durch meine Ansprüche an meine Mitmenschen, an die Partnerin, an die Arbeitskollegen usw. binde ich mich an diese. Wir sollten uns einmal überlegen und eventuell in Gedanken durchspielen, wo das hinführt.
Es ist außerdem immer die Frage zu stellen: Kann der andere uns das überhaupt geben,

was wir von ihm erwarten? Unser Mitmensch ist doch unvollkommen wie wir selbst. Es kann z.B. sein, dass er sich alle Mühe gibt, doch nach einer gewissen Zeit nicht mehr in der Lage ist, uns die gewünschte Energie zu liefern. Und dann tritt das ein, was sehr oft passiert, wenn das Verhältnis zum Nächsten nicht ausgewogen ist: Es gibt Streit. Wir fangen an, dem anderen zu grollen, werfen ihm vor, dass er das nicht für uns tut, was wir von ihm erwarten oder gar verlangen. Und am Ende resignieren wir, baden im Selbstmitleid und fallen eventuell in eine Depression.

Möglich ist auch, dass die Nichterfüllung von Wünschen zu Aggression, sogar zu Gewalttätigkeit führt, und dass man den anderen nun los sein will. Man hält dann eventuell bereits Ausschau nach irgendjemandem, der einem die Wünsche nun doch erfüllt. Man ist selber noch voll von dieser Wunschvorstellung, der andere solle uns

das Glück bringen – und bringt er es uns nicht, dann werden wir aggressiv. Wir klagen ihn an, machen ihm Vorwürfe: Du hast meine Erwartungen nicht erfüllt!
Und keiner von beiden wird letztlich dem Sinn des Lebens gerecht, findet zu seiner eigenen Lebensaufgabe, die er mitgebracht hat, sondern lässt sich auf die eine oder andere Weise vom anderen bestimmen oder dirigieren. Somit bleibt möglicherweise dieses spezielle Ziel des Lebens auf der Strecke. – Was dann? Wie geht es weiter? In verschiedenen Lebensbereichen müssen wir trotzdem das erbringen, was in unseren Genen liegt. Vielleicht beschert uns dieses Erdenleben ja noch einmal die Chance, uns bezüglich unseres Verhaltens in einem Abhängigkeitsverhältnis zu bewähren. Sonst bleibt dies eben einer weiteren Inkarnation vorbehalten. Darum das Prinzip der Reinkarnation. Unser Unerledigtes, Unbewältigtes, zieht uns wieder hierher, wieder an jene

Orte, in jene Gegebenheiten, die noch nicht gelöst sind. Wir leben also nicht nur einmal auf dieser Erde, sondern unter Umständen mehrmals, wenn wir eine Bindung nicht rechtzeitig in diesem Leben lösen.
Und wir verbleiben auch so lange in diesem Rad der Reinkarnation, also der Wiederverkörperung, bis wir gelernt haben, dass es eigentlich nur *eine* Energiequelle gibt, auf die wir uns ausrichten sollen. Das sind nicht unsere Mitmenschen, sondern das ist Gott in uns, das ist der Christusfunke, tief in unserem Innersten. Richten wir uns auf Christus aus, so erhalten wir auch die Energie, die wir für unser Leben benötigen.

Wir haben bis jetzt im Wesentlichen herausgearbeitet, was alles *nicht* Freiheit ist. Kommen wir nun zu der Frage, um die es eigentlich geht:
Was macht uns frei? Was bedeutet wahre Freiheit, also Freiheit im Sinne des Jesus von

Nazareth, des Christus Gottes? Und: Was ist die Ethik des Nazareners?
Jesus, der Christus, sprach: „Die Wahrheit macht euch frei." Wir können diese Aussage auch auf unsere eigenen Lebensäußerungen beziehen, auf die Wahrhaftigkeit in allen Dingen. Denn wer sich selbst mehr und mehr treu bleibt, indem er nicht anders spricht, als er denkt und fühlt, und auch entsprechend handelt, kommt der inneren Freiheit ein gutes Stück näher. Die Konsequenz in den Situationen des Alltags, die Aufrichtigkeit sich selbst und anderen gegenüber, schafft ein gutes Gewissen. Unser Gewissen orientiert sich an den ewigen Gesetzmäßigkeiten Gottes. Somit führen uns Geradlinigkeit und Wahrhaftigkeit zu der inneren Sicherheit, die letztlich Freiheit - Freisein in Christus - bedeutet.
Jesus sagte auch: „Ich Bin der Weg, die Wahrheit und das Leben." Das bedeutet doch letztlich, dass wir freier und freier wer-

den, wenn wir der Lehre des Jesus, des Christus, folgen.
Daher gilt es, uns immer öfter Seiner Gegenwart bewußt zu werden – z.B. durch die schlichte Übung, zum geistigen „Telefonhörer" zu greifen: „Christus in mir." Das „Christus-Telefon" ist eine wunderbare Hilfe, um uns immer inniger Ihm anzuvertrauen und in die Verbundenheit mit Ihm hineinzuwachsen. Dann kann Christus zum ständigen Begleiter in unserem Leben werden, was eine unvergleichliche Freiheit verheißt.

Eine wesentliche Hilfe für die Anwendung der hohen – und doch schlichten – Ethik des Nazareners liegt in dem Hauptgebot Seiner Bergpredigt, das lautet: „Was du willst, dass dir dein Nächster tun soll, das tue du ihm zuerst." Im Volksmund heißt das, abgewandelt: „Was du nicht willst, dass man dir tu', das füg' auch keinem anderen zu!" Dieser

Satz ist quasi ein Schlüssel, der uns in vielen Begebenheiten unseres täglichen Lebens zur Klarheit verhelfen kann, ob wir im Sinne Gottes, im Sinne des Christus empfinden, fühlen, denken, reden und handeln. Denn die Goldene Regel zeigt auf, wie wir uns untereinander verhalten sollen, um keine Bindungen aufzubauen.

Diese Lehre des Jesus von Nazareth macht frei. Wir gewinnen dadurch die höchsten Werte, nicht nur im Hinblick auf Menschen, sondern auch auf Tiere, Pflanzen, Steine, auf die Mutter Erde. Sind in der Welt noch so viele Kriege, noch so viele Unzufriedenheiten zu verzeichnen – diese Lehre kann dazu führen, dass wir – und viele, ja letztlich alle Menschen – im Inneren frei werden und Schritt für Schritt in die gottgewollte Einheit mit Menschen, Natur und Tieren finden.

Gott, der Ewige, gab uns den freien Willen im Rahmen der göttlichen Gesetze. Gott grenzt uns nicht ein. Er ist der Unendliche

– grenzenlos, das All-Gesetz, Liebe, Freiheit und Einheit. Wir Menschen sind es selbst, die sich im Gesetz von Saat und Ernte eingrenzen. Und um wieder in das göttliche Gesetz zurückzugelangen, haben wir die umfassende Richtschnur, die uns aus dem Himmel gegeben ist: die Zehn Gebote Gottes und die Lehre des Jesus von Nazareth, die Bergpredigt. – Mehr ist für uns nicht zu beachten, aber auch nicht weniger.

# Nachwort

*Jede Seele verlangt nach Freiheit. Wir spüren es in unseren Gefühlen und in unserem Gewissen.*

*Ein Satz, den wir in uns bewegen können, wenn wir das möchten. Ein Satz nicht nur für heute: Frei ist der, dem der Tag gehört ...*
*Freiheit ist ein Geschenk des Vaters. Aus der Freiheit kann wahrlich die innere Liebe und die innere Verbindung zur Seele des Mitmenschen, aber auch vor allem die Kommunikation zu Gott, unserem Vater, entwickelt werden. Dann schauen wir nicht mehr auf den Mitmenschen, in der Erwartung, dass er etwas für uns tun soll – wir sind in uns frei, um die Liebe zu Gott zu entwickeln.*
*Befreien wir uns durch die tägliche Selbstbeobachtung und Bereinigung von dem, was uns noch bindet, so entwickelt sich allmählich die Freiheit, die uns die Kraft gibt, selbstlos, ohne dabei an uns zu denken, da und dort anderen zu*

*helfen. Denn der Sinn unseres Erdendaseins ist, wieder die Kommunikation zur Freiheit, zum Göttlichen, in uns zu erlangen, um zu erspüren, was Gott in dieser Welt mit uns vorhat. Wir sollten uns nicht damit begnügen, von der Wiege bis zur Bahre immer nur unseren persönlichen Weg zu gehen, sondern Gott möchte, dass sich der Mensch nach einer gewissen Zeit die innere Reife, gleich innere Freiheit, erarbeitet hat, um den Nächsten zu spüren, um dem Nächsten zu dienen und zu helfen.*

*Im Folgenden ein Hinweis, wie wir Freiheit und weitere innere Werte, also innere Reife, gewinnen können:*
*Sind wir bestrebt, die Weisungen der Bergpredigt in den Situationen unseres Alltags zu befolgen, indem wir z.B. jeglichen Kampf gegen unseren Nächsten aufgeben, das Kämpferische in unseren Gefühlen, Empfindungen und Gedanken in immer feineren Nuancen erkennen und es mit der Hilfe und durch die Kraft des Inneren Chri-*

*stus besiegen, dann wird Sein Licht in uns immer mehr aufleuchten, und wir werden im Alltag Sein Wirken auf mannigfache Art und Weise erleben.*

*Wer lernt, Christus in sich zu erfahren und zu erspüren, der gewinnt inneren Halt, Unabhängigkeit, innere Sicherheit und Stärke – Gaben des Allerhöchsten, die unzerstörbar sind, weil Gottes Kraft, Liebe und Weisheit von Dauer sind.*

*Werden wir also frei, um frei zu sein! Frei sein ist Lebensqualität, frei sein ist Friede, frei sein ist Liebe und Einheit. Also: Werde frei, und sei frei.*

Aus dem Büchlein von Gabriele:
„Nimm Dir die Freiheit.
Werde frei - sei frei!"

# TV-Sender Neu Jerusalem

## w e l t we i t

Der TV-SENDER NEU JERUSALEM w e l t w e i t ist rund um die Uhr in fünf Sprachen zu empfangen - über alle Länder Europas, im Nahen Osten, Rußland und in Island.

Der Sender Neu Jerusalem für das Friedensreich Jesu Christi ist nicht „religiös" im herkömmlichen Sinn. Es gibt keinen Pfarrer, keinen Prediger, der Sie überzeugen will. Vielmehr zeigt Ihnen der Sender das Denken und das Leben von Menschen, die sich bemühen, Christus in unserer Zeit nachzufolgen. Er berichtet, wie ein Land des Friedens aufgebaut wird, auf dem Menschen mit der Natur und den Tieren in Einheit leben.

Seit über 30 Jahren spricht Gott, der Ewige, wieder, durch eine schlichte Frau aus dem Volk, Gabriele, die Er Seine Prophetin und Botschafterin nennt. Durch diese Posaune des Geistes Gottes hören inzwischen Millionen von Menschen weltweit Sein mächtiges Wort für unsere Zeit. Auch in unseren Fernsehsendungen ist es möglich, viele der göttlichen Botschaften aus dem All, der Geistigen Hilfen und Schulungen zu hören.

Der TV-Sender Neu Jerusalem für das Friedensreich Jesu Christi ist frei, unverfälscht und unzensiert. Er bringt Ihnen die Wahrheit und die wahre Lehre des Geistes für alle Menschen, die an ethische Ideale und Werte glauben, Schritt für Schritt danach leben und sich dafür einsetzen wollen.

Frei zu empfangen
in Europa:
auf Satellit Eutelsat
Hotbird 7a 13° Ost
11,296 GHz Horizontal
(SR 27.500, FEC 3/4)

TV-Sender Neu Jerusalem
weltweit GmbH
Postfach 242
I-20038 Seregno, Italien
www.neu-jerusalem.tv
info@neu-jerusalem.tv